L'AFFAIRE

DU " QUARTIER " A ROME

A LA FIN DU DIX-SEPTIÈME SIÈCLE

PAR

FERDINANDO DE BOJANI

Extrait de la « Revue d'histoire diplomatique »

PARIS

TYPOGRAPHIE PLON-NOURRIT et Cⁱᵉ

8, RUE GARANCIÈRE — 8

1908

L'AFFAIRE
DU " QUARTIER " A ROME

A LA FIN DU DIX-SEPTIÈME SIÈCLE

L'AFFAIRE

DU " QUARTIER " A ROME

A LA FIN DU DIX-SEPTIÈME SIÈCLE

PAR

FERDINANDO DE BOJANI

Extrait de la « Revue d'histoire diplomatique »

PARIS

TYPOGRAPHIE PLON-NOURRIT et Cⁱᵉ

8, RUE GARANCIÈRE — 6ᵉ

1908

L'AFFAIRE DU " QUARTIER " A ROME

A LA FIN DU DIX-SEPTIÈME SIÈCLE

LOUIS XIV ET LE SAINT-SIÈGE

Le but poursuivi par la Société d'histoire diplomatique est, d'une part, de divulguer des épisodes encore ignorés du public, et, de l'autre, de rectifier, à l'aide de nouveaux documents, des jugements erronés, admis généralement, sur certains faits et certains personnages, détruisant ainsi les légendes qui ont été considérées jusqu'à présent comme au-dessus de toute discussion. En jetant les yeux sur l'une des périodes historiques les plus glorieuses pour la France, j'ai été persuadé qu'il suffirait de remettre les choses à leur véritable place pour établir qu'elle a eu plutôt des amis que des adversaires en deux des plus illustres successeurs de saint Pierre.

Habitant à Rome et profitant de la complaisance proverbiale de Mgr Wenzel, directeur des Archives secrètes du Vatican, de M. Ranuzzi, son secrétaire et de M. le professeur Nogara, directeur du Musée étrusque à la Bibliothèque Vaticane, j'ai pu dépouiller la correspondance originale d'Alexandre VII et d'Innocent XI, et ce travail, joint à la lecture de diverses publications sur ces deux Pontifes, m'a convaincu que sur eux pèse une légende. Une sorte de lien semble unir ces deux Papes, quoique leurs pontificats soient séparés par celui de Clément IX (1667-1669) et celui de Clément X (1669-1676). Alexandre et Innocent furent ballottés par les mêmes tempêtes, et, si le premier en fut la victime, le second réussit, par sa rectitude et sa fermeté, à déraciner le mal sous lequel avait succombé son prédécesseur et à laver la honte qu'avait infligée au Saint-Siège le traité de Pise, signé le 12 février 1664, à la suite de l'incident entre les Corses et le duc de Créqui, ambassadeur de France.

Ce furent les *franchises* auxquelles prétendaient avoir droit les ambassadeurs dans tout le Quartier avoisinant leur palais, qui servirent de prétexte à Louis XIV pour faire éclater sa colère contre ces deux Papes, considérés à tort par lui comme alliés aux ennemis de la France.

> Créqui prétend qu'Oreste est un pauvre homme
> Qui soutient mal le rang d'Ambassadeur,
> Et de ce rang Créqui soutient bien la splendeur.
> Si quelqu'un l'entend mieux, je l'irai dire à Rome.

Tout le monde sait par cœur cette jolie épigramme de Racine, mais, si elle prouve comment, même en France, les esprits non prévenus jugeaient le rôle joué à Rome en 1662 par la diplomatie du Grand Roi, ce serait peu toutefois pour l'histoire.

M. le comte de Mouy a écrit, en diplomate consciencieux, deux volumes sur l'incident de Créqui. Il a publié la correspondance qu'il a trouvée dans les Archives non seulement de Paris, mais encore de Rome et de Venise, et il en a tiré un tableau exact du pontificat d'Alexandre VII. Nous ne reviendrons point sur cette affaire, et nous nous bornerons à citer quelques documents postérieurs, qui prouvent de quel côté partit la provocation et que ce fut bien, en effet, la question des Quartiers qui donna origine au démélé des Corses, et, sous Innocent XI, à l'affaire de Lavardin. Il faut dire que la caserne des Corses, chargés jusqu'à cette époque de la police de la ville de Rome, était très près du palais Farnèse, où Créqui venait d'installer l'ambassade de France, et ils se trouvaient ainsi presque dans le Quartier que s'était réservé l'ambassadeur.

En août 1684, vingt-deux ans après l'affaire de Créqui, un certain Dragonelli fut saisi par les sbires du Pape près du palais Farnèse. L'Ambassadeur protesta contre la violation du Quartier. « Le Roi, écrit le Nonce à Paris, Mgr Ranuzzi, le 2 septembre, appela Créqui pour savoir de lui comment est l'affaire du Quartier à Rome. L'ancien ambassadeur aurait répondu que de son temps tout a été fixé par un règlement avec le gouverneur de Rome... On aurait envoyé de suite à l'Ambassadeur duc d'Estrées l'ordre de remettre ce règlement en vigueur..; mais j'ai dit au Roi que ce règlement n'existait pas. » Et le Cardinal secrétaire d'État, Cibo, répond à Ranuzzi le 28 octobre : « On n'a aucun indice du règlement qu'on aurait établi avec Créqui. Il est même très certain qu'on n'a jamais admis aucune condition : on a toléré, mais jamais permis l'usurpation ».

Au mois de mai 1686, parmi les inscriptions qu'on avait préparées à l'occasion des fêtes pour l'inauguration du monument de Louis XIV sur la place des Victoires, il y en avait une en latin et en français qui rappelait le succès remporté à Rome sur les Corses. Ranuzzi protesta auprès du secrétaire d'État des Affaires Étrangères, Colbert de Croissy, estimant que cette inscription était injurieuse pour le Gouvernement Pontifical, « qui n'avait eu aucune part aux excès des Corses ». Il ajouta que c'était l'entourage de l'ambassadeur qui, en insultant et provoquant ces soldats jusque dans leur caserne, avait attiré tout le mal sur l'ambassadeur lui-même, et que le gouvernement du Pape n'avait donné aucun ordre. Croissy ne fit pas d'observation (dépêche du 20 mai 1686). Ranuzzi, ayant exposé les mêmes remarques au P. La Chaise, confesseur du Roi, celui-ci assura le nonce qu'il n'y aurait rien sur la place qui pût offenser la papauté, et que le Roi s'était montré convaincu de la justesse de l'observation qui lui avait été faite.

Ceci dit sur l'incident de Créqui, j'aborde l'objet principal de cette étude, l'affaire des Quartiers sous Innocent XI ; mais, de même que M. le comte de Moüy, pour mieux expliquer celle de la garde Corse, a passé en revue tout le pontificat d'Alexandre VII, je voudrais dire quelques mots en général sur celui d'Innocent XI, l'un des plus grands pontifes que compte l'histoire de l'Église.

Le cardinal Benedetto Odescalchi avait déjà été l'objet de l'exclusive de la France dans le conclave d'où sortit pape Clément X, et ce fut seulement après de nombreux scrutins que, sept ans plus tard, dans le conclave qui suivit la mort de ce pontife, les cardinaux français donnèrent enfin leurs voix au cardinal Odescalchi.

Qui était-ce qu'Innocent XI? C'est Louis XIV lui-même qui nous le dit. Dans une dépêche en date du 19 janvier 1682, l'abbé Lauri, Chargé d'affaires de la Nonciature, après avoir annoncé au cardinal Cibo que le Roi avait publié un arrêt pour supprimer les abus auxquels donnait lieu la Régale, ajoutait que non seulement le bruit courait à Paris que Sa Majesté désirait un arrangement avec Rome, parce qu'Elle était convaincue que le Pape ne s'était allié avec personne, mais que le Roi aurait même dit en conseil : « Le Pape est un honnête homme, un saint, qui ne travaille pas pour des fins mondaines; il faut donc dire que ce qu'il fait, il le fait parce qu'il croit avoir raison et obéir à ce qui oblige sa conscience ». Et, dans une dépêche du 26 novembre 1685, Ranuzzi écrit que, ayant manifesté au Roi les sentiments de reconnaissance de Sa Sainteté à l'égard de Sa Majesté, qui l'avait choisie pour arbitre dans le différend entre l'Électeur Palatin et la duchesse d'Orléans au sujet des droits de cette princesse sur la succession de son père et sur celle de son frère, et ayant présenté au Roi la gloire qui lui en revenait comme un nouvel argument en faveur du maintien de la paix, Sa Majesté lui répondit qu'Elle avait pris cette résolution pour confirmer encore davantage la confiance qu'Elle « avait dans la rectitude de Sa Sainteté et pour contribuer à la paix ».

Louis XIV, qui se connaissait si bien en hommes, ne se trompait pas en portant ce jugement, car, si Benedetto Odescalchi avait été élu pape, c'était qu'on le considérait, en effet, comme un saint. Légat à Ferrare au moment où une grande disette désolait la population, il y avait déployé tant de dévouement et de zèle, qu'en plusieurs endroits de la ville on arbora ses armes avec les deux initiales P. P. (*Pater Pauperum*). Nommé ensuite évêque de Novare, il laissa dans cette ville de nombreuses traces de son amour pour le peuple et pour la prospérité générale, y fondant, entre autres choses, un Mont-de-Piété, institution qui y était inconnue, et employant les revenus de l'évêché à des œuvres d'utilité publique. Puis il donna sa démission et revint à Rome, où il montra son habileté et sa rectitude dans les affaires des Congrégations. Sa principale préoccupation, dès cette époque, était la guerre contre les Turcs et il envoya à l'empereur Léopold et au roi de Pologne, Casimir, plus de 90,000 florins d'or qu'il venait de recevoir en héritage d'un oncle.

Il fut, dès le début de son pontificat, un pape réformateur, non pas dans le sens de faire des choses nouvelles, mais dans celui de corriger les abus qui existaient. Il obligea tous les prélats à ne garder qu'un seul bénéfice, prescrivit la visite apostolique dans tous les ordres religieux et toutes les églises, et présida lui-même les examens des candidats aux évêchés italiens. Par mesure d'économie et pour empêcher des malversations, il confia à des religieux de Sainte-Marie-in-Campitelli l'administration du Mont-de-Piété de Rome, supprima la Congrégation des Brefs et les Clercs de la Chambre, ordonnant aux chanoines de Saint-Pierre de faire le service de l'antichambre pontificale. Il fut très rigoureux contre toute idée de népotisme, contraignant les neveux des anciens papes à renoncer, moyennant une indemnité très modeste, aux charges qu'ils avaient reçues, et il soumit à l'approbation des cardinaux une Bulle très sévère contre le népotisme, qui fut publiée plus tard par Clément XII. Il défendit à son neveu, don Livio Odescalchi, de s'occuper des affaires de l'État et de fréquenter les ambassadeurs. Lorsque, dans ses différends avec Louis XIV, on alla jusqu'à le menacer de faire payer à sa famille les frais qu'occasionnerait au gouvernement français la lutte contre lui, il répondit qu'il n'avait pas de famille. Au cardinal Acciaiuoli, qui se plaignait à lui de la suppression de sa place de secrétaire des Brefs, parce que, disait-il, il devrait réduire le personnel de sa maison et, peut-être même, ne pourrait plus continuer à vivre à Rome, Innocent repartit qu'il valait mieux que les cardinaux eussent moins de revenus et quittassent Rome que de voir la Chambre Apostolique criblée de dettes et le Pape obligé de quitter son siège. Il s'occupa même de la toilette des dames romaines et leur enjoignit, sous peine d'excommunication en cas de récidive, de sortir le cou et les bras couverts. On raconte, à ce propos, que s'étant rendu en procession du Vatican à Sainte-Marie-du-Peuple pour une cérémonie et ayant observé qu'il n'avait pas rencontré, sur tout le parcours, un seul carrosse avec des dames, on lui répondit qu'elles avaient peur de lui et l'évitaient. Les femmes n'étaient pas admises au Vatican, et il ne leur donnait audience que dans les sacristies des diverses églises où il se transportait pour les cérémonies; on voit qu'il restait le souvenir de l'impopularité d'Olympia Pamphilj. Une exception était faite pour la reine Christine de Suède qui, une fois par an, venait au Vatican toucher sa pension.

Il était fameux pour sa rigidité à exiger l'observation des ordres qu'il donnait. C'était l'habitude que, durant le carnaval, les jeunes gens des bonnes familles de Rome, afin de donner une preuve de leur habileté à conduire les chevaux, fissent des courses le long de la voie Flaminienne, mais elles donnaient toujours lieu à de graves accidents. Aussi prit-il un arrêt défendant absolument ces courses. Le marquis Gabrielli, se fiant, sans doute, à la protection de la reine Christine de Suède, viola les ordres du Pape, voulut courir et renversa la voiture d'un certain marquis Bubola. Emprisonné au Château Saint-Ange, il fut condamné à dix ans d'exil et le Pape le relégua en Hongrie, théâtre alors de la guerre contre les Turcs. Il le fit recommander au duc de Lorraine, commandant en chef des troupes impériales et demanda à être informé de la conduite du jeune homme. Gabrielli, ayant mérité la confiance du duc et de l'Empereur, fut chargé par celui-ci, après des faits d'armes glorieux pour les chrétiens, d'en porter la nouvelle au Pape et de lui remettre des drapeaux pris sur les infidèles. Arrivé à Rome, il fut reçu par le cardinal Cibo, mais non point par le Pape, qui lui fit ordonner de ne rester que trois jours dans la Ville Éternelle et de repartir pour la Hongrie, afin de terminer ses dix ans d'exil.

Pendant trois ans Rome faillit presque souffrir de la famine, mais Innocent fit tous ses efforts pour que les blés ne manquassent point et employa même à cet effet sa fortune privée. Malgré ces dépenses, il continua la construction de la colonnade de Saint-Pierre, envoya constamment des sommes très considérables à l'Empereur et au Roi de Pologne pour les aider dans leurs guerres contre le Croissant et, durant la peste de Vienne, fit expédier 25,000 écus au nonce Bonvisi pour les distribuer à la population. Il n'en laissa pas moins le trésor pontifical bien garni. A sa mort, ce fut un deuil général parmi la population romaine, qui d'ordinaire se montre indifférente en de pareilles circonstances; on s'arrachait, comme des reliques, ses vêtements et tous les objets qui lui avaient appartenu. Sous Pie VI, on commença le procès de canonisation d'Innocent, et il fut proclamé *vénérable*, mais les choses en restèrent là.

I

Pour effectuer le programme de réformes et de réorganisation des pouvoirs ecclésiastiques et civils, que s'était tracé Innocent dès son avènement à la tiare, il fallait aussi mettre fin au désordre public qui affligeait la population de Rome. Ainsi se proposa-t-il d'en finir avec la question des Quartiers où l'abus des franchises s'était encore accru sous Clément IX et Clément X, et de mettre la situation des diplomates accrédités auprès de lui sur le même pied que celle de leurs confrères dans les autres capitales.

On sait que les ambassadeurs à Rome, non contents de jouir de ce qu'on appellerait en langage moderne l'extraterritorialité de leur résidence, prétendaient l'étendre aux maisons qui se trouvaient dans un certain rayon alentour, à leurs habitants et aux fournisseurs qui arboraient les armes de l'ambassade. Tous les malvivants ou autres individus poursuivis par la police pontificale qui se réfugiaient dans ces Quartiers y devenaient inviolables, et tout sbire qui y passait, même par hasard, était arrêté par les gens de l'ambassadeur. Les diplomates jouissaient, de plus, de l'exemption des droits de douane et ils en abusaient également. Or, comme la perception de ces droits était donnée en ferme, le Trésor pontifical (*Camera Apostolica*) avait constamment des difficultés avec le fermier des douanes qui prétendait de ce chef à des indemnités.

On voit que, tant au point de vue financier qu'à celui de la sécurité publique, la Cour de Rome payait assez cher l'honneur d'avoir un Corps diplomatique accrédité auprès d'elle.

Innocent XI fit savoir sans retard à tous les gouvernements qui avaient des représentants près le Saint-Siège sa ferme volonté d'en finir avec cet état de choses, et, dès le 30 juin 1677, le cardinal Cibo, secrétaire d'État, écrit au nonce Varese à Paris que l'ambassadeur d'Espagne à Rome a été informé par son gouvernement que celui-ci était prêt à renoncer à la prétention des Quartiers si l'on avait la certitude que les autres ambassadeurs en feraient autant : « Votre Seigneurie, ajoute-t-il, gardera pour elle cette nouvelle afin de s'en prévaloir lorsqu'elle le croira nécessaire, de sorte que le Roi, la connaissant, puisse se décider à la renonciation. Mais finalement, après que Votre Seigneurie aura manifesté dans les termes les plus *soavi* le désir de Sa Sainteté, elle ne laissera pas de conclure que Notre Seigneurie est absolument déterminé à mettre un terme à ce désordre ».

Le 13 juillet, le nonce répond à cette dépêche, que, n'ayant pas trouvé M. de Pomponne, secrétaire d'État des Affaires Étrangères, il a fait lire la note à son substitut M. Pachaut (?), qui lui a répondu avoir la conviction que le Roi fera ce que feront les autres gouvernements. Le 29 septembre, Cibo écrit de nouveau à Varese que, comme l'ambassadeur de France ne cesse de donner des ennuis à l'occasion des Quartiers, il doit, comme de lui-même, prier Pomponne, de voir si Sa Majesté ne voudrait pas être la première à abolir le Quartier, le Pape étant résolu, si les ambassadeurs ne cèdent pas de bon gré, à les faire céder d'autorité. Dans une autre dépêche du 6 octobre, Cibo revient sur cette question, affirmant que, par suite des inconvénients qui se produisent même dans le Quartier de l'Espagne, il est impossible de gouverner; et, dans une dépêche du 13 du même mois, il annonce qu'au dernier consistoire le Pape a parlé des Quartiers, bien décidé à obtenir satisfaction. « On ne peut, dit-il, se borner à une réduction partielle, car le peu qui en resterait serait toujours une pierre d'achoppement d'où résulteraient d'autres inconvénients ». Et il ordonne au Nonce d'aller, après avoir parlé au Roi de ce sujet, chez le P. La Chaise, son confesseur, pour l'entretenir des censures ecclésiastiques sous lesquelles tombent les diplomates qui détiennent les Quartiers. Le 10 novembre, autre dépêche au Nonce, repoussant la proposition de Pomponne de régler la question par un traité, le Pape ne voulant en aucune manière limiter son autorité sur une partie de la Ville, d'autant qu'il pourrait toujours être désavoué par ses successeurs. Le 24 novembre, Cibo écrit à Varese que le Pape, avant de publier un arrêt contre les Quartiers, a enjoint à tous les cardinaux et ambassadeurs d'enlever leurs écussons des magasins des artisans et commerçants, que tous étaient disposés à obéir, à l'exception de l'ambassadeur de France qui prétendait attendre les ordres du Roi, et qu'en suite de cela, le représentant de l'Espagne avait retiré son adhésion. Il invite donc le Nonce à avertir le Roi qu'on répond mal aux intentions de Sa Majesté. Le 2 décembre, Cibo envoie à Varese copie de l'arrêt du Pape au sujet des écussons et annonce que tout le monde a obéi, bien que les ambassadeurs ne voulussent pas faire enlever les leurs, mais le Pape avait menacé, car il tient à exécuter ce qu'il a dit dans le consistoire. A la même date, le cardinal informe le Nonce que Sa Sainteté a refusé une audience à l'ambassadeur d'Espagne qui l'avait demandée, lui faisant dire que Sa Sainteté ne pouvait pas l'entendre, et que, l'ambassadeur ayant réitéré sa demande sous prétexte qu'il avait à entretenir Sa Sainteté d'affaires intéressant son Roi, Elle lui avait fait répondre qu'il pouvait en parler à quelque cardinal. Cet ambassadeur était le marquis de Carpio, bien connu à Rome pour l'abus qu'il faisait de son Quartier; et, aux remontrances qu'Innocent fit faire à Madrid contre sa conduite, le Roi d'Espagne répondit qu'il allait le rappeler à l'ordre, mais qu'il fallait patienter, car le marquis n'avait d'autre but que de se faire rappeler à Madrid où on ne le voulait pas à cause de ses intrigues.

Le 8 décembre, Cibo écrit encore à Varese : « Il est nécessaire que, pour le moment, Votre Seigneurie fasse d'autres remontrances à Sa Majesté et à M. de Pomponne, car Sa Sainteté trouve étrange que, dans une affaire aussi juste et tant de fois discutée, Sa Majesté ne se soit pas encore décidée. Il faut espérer que, aussitôt qu'Elle aura connu la bonté de la cause, Elle se décidera, avec Sa Royale bonté et rectitude, à délivrer entièrement Rome du scandale des Quartiers, tandis que l'exemple de Sa Majesté fait que les autres ambassadeurs le maintiennent, alors qu'ils seraient disposés à y renoncer. L'arrêt a eu un heureux succès ; il a remédié à une partie du désordre des Quartiers, et l'on espère trouver les moyens d'obtenir le succès complet. » Enfin, dans une autre dépêche du 15 décembre, nous lisons : « Bien que le Roi ait dit à Votre Seigneurie, comme Elle l'avait écrit, qu'il ne serait pas le dernier à les abolir (les Quartiers) et qu'il n'est pas convenable que Votre Seigneurie fasse d'autres remontrances, c'est à Sa Sainteté à trouver le moyen le plus propice et le plus expéditif pour soutenir son autorité et sa dignité. » Il serait fastidieux de continuer à reproduire tous les passages de la correspondance diplomatique relatifs aux Quartiers. Bornons-nous à citer une dépêche du 29 novembre 1679, adressée par Cibo à l'abbé Lauri, qui exprime bien les idées d'Innocent à ce sujet : « L'inquiétude perpétuelle que donnent à Sa Sainteté les incidents dont les Quartiers sont continuellement le théâtre, l'oblige à se distraire des sujets qui touchent davantage au gouvernement de l'Église, et Elle se trouve constamment en danger de voir se troubler ses bonnes relations avec Sa Majesté et avec les autres Princes... Parce qu'on croit prochain le départ de l'ambassadeur actuel d'Espagne, on a déjà écrit à Madrid qu'on ne recevra un autre ambassadeur que s'il renonce d'avance au prétendu Quartier... »

Avant l'Espagne, la république de Venise avait dû subir la volonté d'Innocent. Le 22 juin 1678, Cibo annonçait à Varese qu'il venait d'expédier un courrier au nonce à Venise pour lui ordonner de signifier au Sénat, à la suite de l'excès commis par les gens du nouvel ambassadeur, le chevalier Zeno, que la République eût à le rappeler et à ne pas lui donner de remplaçant si elle ne voulait pas renoncer au Quartier.

Voici ce qui s'était passé. Une nuit, les gardes de l'ambassade étaient occupés à chasser du Quartier des voleurs et autres malvivants, lorsqu'ils virent des sbires qui, poursuivant aussi des voleurs, avaient dépassé les limites ; ils leur coururent sus et les blessèrent, alors que ces malheureux policiers étaient déjà hors du Quartier. Le Pape, indigné, demanda que les agresseurs de ses hommes lui fussent livrés et, ne pouvant les avoir, mit leur tête à prix. L'ambassadeur protesta, mais il ne fut jamais reçu en audience par le Pape et s'en retourna à Venise, le 17 décembre 1678, sans l'avoir vu. Ce ne fut qu'en mai 1679 qu'un autre ambassadeur de la République arriva à Rome en renonçant au Quartier.

Innocent XI était, d'ailleurs, bien décidé à laisser disparaître tout le Corps diplomatique près le Saint-Siège, plutôt que de renoncer à la suppression d'un pareil abus. « Veillez, écrivait Cibo à Varese le 1er novembre 1679, s'il s'agit de donner un successeur à d'Estrées, parce que Sa Sainteté veut que, dans ce cas, on fasse bien entendre à M. de Pomponne que l'abus des Quartiers est allé si loin que le Pape ne peut plus le tolérer et que, si le nouvel ambassadeur doit persévérer dans l'abus, il vaudrait mieux qu'il ne bougeât point et qu'à sa place vînt n'importe quel envoyé sans caractère de représentant public, qui pourvoirait de la même manière à toutes les affaires. Les ambassadeurs sont institués pour entretenir la bonne entente entre les Princes... » Entre une affaire de vanité et un devoir de conscience, Innocent n'hésitait pas.

Durant les années qui suivirent, on peut dire qu'il n'oublia pas un seul instant cette question, profitant de chaque incident qui se produisait dans les Quartiers pour en réclamer l'abolition, tandis que la cour de France la laissait dormir en quelque sorte. Laissons-la dormir, nous aussi, jusqu'à la grave querelle qui en amena enfin la solution définitive.

II

Si l'un des articles du programme d'Innocent XI était la réorganisation des pouvoirs civils et religieux dans la ville de Rome, avec, comme conséquence, la suppression des Quartiers, un autre plus important encore, était le maintien de la dignité pontificale tant au point de vue temporel que, et surtout, au point de vue spirituel. Ses idées sur ce sujet ne semblaient guère différer de celles de Louis XIV, qui adressait à Créqui les instructions suivantes pour le cas d'un conclave : « Qu'il se puisse faire une élection désintéressée de toutes parts que du service de Dieu... Que le Pape ait le vrai sentiment d'un père commun... et puisse régir et gouverner l'Église Sainte avec fruit et à l'édification de tous les fidèles ». Mais la réalité était tout autre. A son avènement, Innocent XI trouva qu'en France les idées gallicanes étaient à leur apogée et que l'archevêque de Paris, Harlay de Champvallon, en était le grand défenseur contre l'ultramontanisme. Ce prélat ne daigna même pas féliciter le nouveau Pape de son élection, le blâma d'avoir répondu aimablement aux félicitations d'évêques suspects de jansénisme et ne rendit jamais visite au nonce Varese, ne le considérant pas comme ambassadeur, bien qu'il eût été agréé par le Roi et fût reçu à la Cour.

Varese mourut à Paris en novembre 1678, en laissant comme dernière volonté le désir d'être enterré dans l'église des Théatins; mais son corps demeura une semaine dans sa maison, sans sépulture, parce que Harlay, ne lui reconnaissant aucun de ses

privilèges d'archevêque *in partibus* et de nonce, voulait le traiter comme un simple prêtre. Le 19 novembre 1678, l'abbé Lauri, chargé d'affaires de la Nonciature, écrit : « Le père Gùglielmo, de Florence, capucin, ancien confesseur du feu Nonce (à qui il avait administré les derniers sacrements), se trouve toujours en prison, et le procès continue contre ce religieux, accusé d'avoir violé les dispositions des canons de l'Église. Je suis passé cinq fois chez l'archevêque sans le trouver. M. de Pomponne en parla au Roi, qui déclara qu'il ne voulait pas s'occuper de l'affaire et qu'il laissait tout à l'archevêque de Paris. Je répliquai que Sa Majesté s'en était occupée lorsqu'elle m'avait fait signifier par lui, Pomponne, qu'elle désirait que tous les obstacles fussent levés, afin d'éviter le scandale de laisser le corps sans sépulture. Et alors j'avais répondu que le scandale était déjà fait par le curé, qui avait voulu s'en occuper. A présent, on me dit qu'on veut obliger les héritiers à payer les droits de paroisse, dont je ne me suis pas enquis jusqu'à présent, et que le prêtre de Saint-Sulpice avait préparé les archers pour forcer la maison, si je ne leur avais pas livré le corps ».

Le 13 janvier 1679, Lauri revient encore sur ce sujet. Il raconte que, la veille de la mort de Varese, l'archevêque de Reims, Maurice Le Tellier, était venu demander des nouvelles du malade et attendit l'arrivée des médecins. Pendant ce temps, le capucin lui dit que, dans la matinée, il avait administré le viatique et l'extrême-onction au Nonce, racontant franchement qu'il avait pris les saintes huiles chez les Théatins. Le Tellier était convaincu que le capucin avait toute la responsabilité de l'affaire, et, le lendemain, se trouvant à la Cour et ayant appris la mort du Nonce, il désapprouva l'acte de ce religieux, disant que, si la chose s'était passée dans son diocèse de Reims, il l'aurait fait emprisonner pour avoir administré les derniers sacrements sans le consentement de l'Ordinaire. Il se moqua de l'archevêque de Paris, qui se présenta ensuite au Roi. Harlay fit alors appeler le Supérieur des Théatins et l'ex-confesseur, et leur dit qu'il avait l'ordre du Roi d'emporter de force le corps du défunt, si Lauri refusait de le laisser porter à la paroisse. Les Théatins affirmèrent ne pas avoir donné des saintes huiles, et le capucin déclara qu'il ne voulait plus rien dire sur ce sujet. « On croit que l'archevêque de Reims agit de cette manière, ou par ignorance, ou pour ruiner l'archevêque de Paris auprès de Rome et du Roi ».

Peu de temps après, Lauri transmit à Rome une brochure publiée à Paris, où, à propos de cette affaire, on préconisait ironiquement Harlay comme le futur Patriarche de l'Église de France; celui-ci en fut irrité au plus haut point et s'en prit aux Capucins, qu'il accusa d'être les auteurs de cet écrit.

Ce singulier prélat crut bon, cependant, de se justifier en Cour de Rome. Le 19 avril 1679, Cibo informe Lauri que l'ambassadeur s'est rendu auprès du Pape pour lui lire une lettre de l'archevêque de Paris, pleine d'expressions obséquieuses envers Sa Sainteté et le Siège apostolique, dans laquelle il essayait d'expliquer sa conduite à l'égard du Nonce, et qu'Innocent a répondu que c'étaient là des phrases, mais que c'était des faits dont il se plaignait, et, l'ambassadeur ayant répliqué que l'archevêque ne connaissait pas le titre du Nonce, parce que celui-ci ne l'avait pas montré, et qu'en conséquence il ne l'avait pas cru exempt du droit paroissial, le Pape répondit que le nonce, n'exerçant pas la juridiction à Paris, n'avait pas l'habitude de présenter ses privilèges, mais qu'il devait suffire que Mgr Varese fût reçu par le Roi et traité par lui comme représentant la personne du Pape.

Après la mort de Varese, la charge de nonce resta vacante. Voici ce qu'écrivait Cibo au chargé d'affaires Lauri : « Aux plaintes de M. de Croissy au sujet de la vacance de la nonciature, Votre Seigneurie peut répondre que, à la suite de la conduite de l'archevêque de Paris à l'égard du corps du Nonce, tout laissait voir qu'à Paris on ne voulait pas de nonce. Quant à la nécessité d'arranger bien des choses, Sa Sainteté dit qu'on les fasse examiner par des personnes sans idées préconçues, et que la magnanimité de Sa Majesté verra aisément qu'Elle a pris de mauvais engagements. Sa Sainteté n'approuve ni ne désapprouve les nouveautés tolérées par ses prédécesseurs au préjudice des droits de l'Église, mais ne croit pas possible de tolérer les présentes. Votre Seigneurie pourra se servir de ces sentiments de Sa Sainteté auprès de M. de Croissy et de Sa Majesté, sans entrer avec Elle dans la question d'abandonner les engagements mal pris. Votre Seigneurie doit s'abstenir de répéter les noms de ceux qui lui ont manifesté la mauvaise humeur de Sa Majesté envers les personnes qu'on prétend avoir envenimé les affaires et que M. de Croissy appelle des *battifuochi* (attiseurs d'incendie), Sa Sainteté ne voulant pas qu'on expose qui que ce soit à un danger. »

C'était sans doute à l'affaire de la Régale que Cibo faisait allusion. On nommait ainsi le droit que prétendaient avoir les rois de France de percevoir les revenus des bénéfices vacants. Toléré par la papauté, il ne s'appliquait cependant pas aux provinces de Dauphiné, de Provence, de Languedoc et de Foix. Louis XIV, ayant acquis la principauté d'Orange, prétendit l'y exercer. Le 20 septembre 1677, le cardinal Cibo écrivait à ce sujet au nonce Varese : « La Régale en France n'appartient pas partout au Roi, mais seulement dans quelques Églises pour lesquelles le Roi a eu la concession de nommer les Évêques selon le concordat de Bologne entre Léon X et François Ier. Leur nombre est fixé. Par conséquent, en Orange que le Roi ne détient que depuis dix à douze ans, la Régale ne pourrait avoir d'autre fondement que la concession de temps immémorial; or celle-ci y manque ». Le Cardinal Secrétaire d'État priait le Nonce d'expliquer tout cela à Pomponne et au P. La Chaise, « qui se montre incliné à ces matières et à toutes choses justes ».

Louis XIV n'en étendit pas moins la Régale à tout le royaume; mais les évêques d'Aleth et de Pamiers, suspects de jansénisme, appartenant à deux provinces jusque-là exemptes, protestèrent à Rome. Le Pape prit leur défense et adressa au Roi, le 28 décembre 1679, un Bref à la fois énergique et paternel. Ces remontrances et d'autres successives demeurèrent sans réponse de la part de Louis XIV qui nomma une Commission d'évêques chargée d'examiner les Brefs du Pape, et, sur la proposition de cette Commission, convoqua une assemblée générale du clergé de France.

Les prélats, présidés par l'archevêque de Paris, ne discutèrent guère sur le droit de Régale, pensant peut-être que le Pape avait raison et défendait leur propre intérêt. Ils se bornèrent à combattre l'autorité du Pontife romain et publièrent les quatre fameux articles, qui peuvent se résumer en ces deux formules : Le Concile général est supérieur au Pape, et celui-ci ne peut rien décider d'une manière irrévocable sans l'assentiment de l'Église universelle. L'Assemblée du clergé, dans sa soumission aveugle aux volontés royales, oublia en 1682 que, quelques années auparavant, la France avait applaudi le Pape condamnant les jansénistes. L'archevêque de Paris, en présentant au Roi le texte des propositions, lui dit que l'assemblée espérait que Sa Majesté, ayant donné la paix à l'Europe, la donnerait de même à son royaume en faisant qu'une seule doctrine fût enseignée dans les Universités et les écoles (dépêche de Lauri à Cibo, 16 mai 1682). Le Parlement enregistra les quatre articles et la Sorbonne en fit autant, mais non sans quelque opposition, sur l'ordre du Roi ; trois docteurs qui refusèrent de les souscrire furent exilés. On était loin du beau sermon de Bossuet sur l'unité de l'Église.

Le secrétaire de l'assemblée écrivit au Pape pour lui en communiquer les décisions. On ne connaît pas le texte de cette lettre, mais on sait qu'Innocent XI en fut profondément attristé. Il nomma une Commission de cardinaux pour examiner l'affaire, et, en attendant, il envoya, au clergé de France, un Bref qui fut expédié par Cibo à l'abbé Lauri, chargé d'affaires de la nonciature, avec sa dépêche du 11 avril 1682. « Votre Seigneurie, — lit-on dans celle-ci, — présentera le dit Bref de Sa Sainteté au secrétaire de l'assemblée du clergé en réponse à sa lettre. Votre Seigneurie tâchera de le lui remettre de manière qu'il ne le refuse pas. Que si, après l'avoir pris entre les mains, il voulait le rendre, Votre Seigneurie doit tâcher de ne pas le prendre, dût-elle le laisser tomber dans la rue. Si le secrétaire refuse de le prendre, Votre Seigneurie doit faire quatre ou cinq copies du Bref et les faire distribuer adroitement par une tierce main ; Votre Seigneurie le fera également si le secrétaire l'accepte et le présente à l'assemblée, mais alors elle laissera s'écouler quelques jours. » Le secrétaire accepta le Bref et le fit parvenir au Roi.

Bien que ce Bref ne soit point inédit, il est si touchant d'affection, de courage et de dignité qu'on nous saura gré d'en citer quelques lignes. Après avoir dit aux évêques la douleur que lui a causée leur lettre, « c'est bien plutôt contre vous-mêmes que vous combattez, ajoute-t-il, lorsque vous Nous combattez en cette question, dans laquelle il s'agit du salut et de la liberté de vos Églises, et où, afin de défendre les droits et la dignité épiscopale dans ce royaume, sur l'appel de quelques pieux et courageux personnages de votre Corps, Nous Nous sommes levé sans retard et sommes encore sur la brèche... poussé... par Notre profond amour pour vous... Nous avons constaté que cette lettre procède de la crainte, conseiller qui jamais ne permet aux Prêtres de Dieu d'entreprendre avec courage et d'accomplir avec constance pour la liberté de l'Eglise des choses grandes et difficiles. C'est à tort que vous avez cru pouvoir Nous communiquer cette crainte, car dans Notre sein doit habiter perpétuellement la charité du Christ laquelle bannit et éloigne d'elle un pareil sentiment ; vous ne deviez craindre qu'une seule chose, de pouvoir être blâmés à juste titre, devant Dieu et devant les hommes, pour avoir manqué à votre charge, à votre honneur et à votre devoir pastoral. Vous deviez vous rappeler les exemples de constance et de courage épiscopal que, dans des cas analogues, vous ont donné les saints Evêques des premiers siècles... » Et il terminait en leur donnant néanmoins la bénédiction apostolique.

Ni le Roi, ni personne ne répondit au Bref. Mais le cardinal d'Estrées, qui habitait Rome avec son frère l'ambassadeur, voyant bien qu'à Rome on allait prendre quelque grave mesure, ne resta point inactif. Voici, en effet, ce que Cibo écrivait à Lauri le 16 juin 1682 : « Le Cardinal d'Estrées (autorisé par le Roi) a supplié hier Sa Sainteté de vouloir bien daigner surseoir aux déclarations ultérieures auxquelles Elle s'était appliquée sur les sujets touchant l'Assemblée. Sa Majesté en ferait autant afin de pouvoir traiter de la situation des choses présentes pour voir s'il y aurait moyen de la terminer avec satisfaction réciproque. Sa Sainteté est disposée à accueillir cette demande afin de montrer au Roi qu'Elle n'a eu dans tous ces événements que la seule pensée de satisfaire à sa propre conscience et de mettre en sûreté celle du Roi en faisant ce à quoi Elle se sait obligée pour soutenir les droits du Siège apostolique ».

Si les ministres du Roi avaient demandé au Pape une espèce de trêve, ils n'en continuèrent pas moins à marcher dans la voie où ils s'étaient engagés. Deux sièges épiscopaux étant devenus vacants, ils proposèrent deux prélats qui avaient voté les quatre articles; le Pape, exigeant d'eux une rétractation préalable, refusa de sanctionner cette nomination. Depuis lors et jusqu'à la mort d'Innocent il n'y eut plus de nouveaux évêques, car, toutes les fois qu'il s'agissait de pourvoir à une vacance, le gouvernement français mettait en avant des prélats votants. Comme le bruit courut qu'on voulait pourvoir aux diocèses vacants avec des évêques nommés par les métropolitains, Cibo écrivit au Nonce le 3 février 1685 : « Votre Seigneurie peut dire qu'ici on voudrait bien nommer des évêques, mais qui aient les qualités requises, et l'on ne peut considérer comme tels des hommes suspects d'une doctrine pas saine : lorsqu'on répondra que les quatre propositions n'ont pas été condamnées et que par conséquent on ne peut les dire doctrines pas saines, Votre Seigneurie pourra répliquer que la censure des dites propositions a déjà été discutée et était prête à être publiée, et qu'elle n'a été différée que sur les instances présentées par le cardinal d'Estrées pour une suspension, laquelle a été religieusement observée par Rome et pas du tout par Paris. »

Et, en effet, malgré cette trêve, que le Pape avait scellée en quelque sorte, envoyant en France, le 4 mai 1683, un nouveau nonce extraordinaire en la personne de Ranuzzi, archevêque de Fano, porteur des langes bénits par Lui pour le jeune duc de

Bourgogne, le gouvernement continua à imposer l'enseignement des quatre articles, à poursuivre les défenseurs des droits du Saint-Siège, à nommer aux couvents, contre leurs règles de fondation, des abbés et des abbesses qu'il prenait même parfois dans d'autres ordres, à donner des commendes même à des enfants en bas âge, se bornant à demander des indults à Rome, qui souvent les refusait, à cause de l'indignité des sujets. Lorsque Ranuzzi faisait quelque observation à Colbert de Croissy ou au Roi, on lui répondait à peu près comme il suit :

« Dans l'audience, ayant parlé au Roi de la situation et l'ayant exhorté pour le bien de l'Église et de la paix, Sa Majesté m'écouta avec attention, mais, en faisant mine d'être surprise de mon langage, dit simplement que je devais voir moi-même tout ce qu'Elle fait et continue à faire pour Sa Sainteté, pour le Saint-Siège et pour la tranquillité publique, qui serait parfaite, si Sa Sainteté faisait pour le Roi ce qu'il fait pour Elle. J'ai répliqué que Sa Majesté devait se convaincre de la bonne volonté de Sa Sainteté, laquelle fait tout son possible pour complaire à Sa Majesté, mais ne peut accomplir des actions qui pèseraient sur sa conscience et aggraveraient encore celle de Sa Majesté. » (Ranuzzi à Cibo, 3 septembre 1685.)

Et le Roi était si bien persuadé de travailler à la plus grande gloire du Saint-Siège que ses Ministres et le P. La Chaise réclamaient constamment des Brefs d'éloge pour Sa Majesté!

III

Tout en ne voulant pas être un Pape politique, Innocent XI fut, par la force des choses, l'un des principaux facteurs de la politique européenne. Demandé comme médiateur de la paix entre l'Empereur et le Roi de France, à Nimègue, il envoya dans cette ville Mgr Bevilacqua en qualité de Nonce; mais Louis XIV réclama des modifications au Bref pour la médiation. Le 13 juillet 1678, Cibo écrit à Varese que le Pape ne consent pas à la modification demandée et que, par conséquent, Bevilacqua se tiendra à l'écart, mais signera le premier protocole pour l'accord. Dans une autre dépêche, le cardinal répète que Bevilacqua renoncera à la médiation. Le 20 juillet, il écrit à Varese qu'il trouve étrange ce qu'a dit Pomponne au sujet de Bevilacqua, qui aurait accepté la modification au Bref. On vient d'en expédier un autre ; toutefois, comme on doit traiter avec Vienne et afin de ne pas perdre de temps, il a ordonné au Nonce de faciliter de toute façon la conclusion de la paix, mais de ne signer aucun acte, Sa Sainteté ne voulant pas avoir affaire à des hérétiques et à des infidèles. Le 2 novembre suivant, Cibo lui écrit de nouveau : « On sait combien le Pape a cherché la paix entre les deux Couronnes, mais on a été étonné d'apprendre par Bevilacqua que M. Colbert a proposé de faire quelque mention de la médiation pontificale dans l'acte annexe qu'on ajoutera au traité de paix. Bevilacqua, sachant combien Sa Sainteté ambitionne peu cette gloire, pouvait aussi considérer que le Pape n'a pas reçu dans l'acte la place qui lui est due à tous les titres, et qu'il n'est pas convenable d'accepter l'offre de lui assigner une place qui ne convient pas à sa dignité. »

Le troisième article, si l'on peut dire, du programme d'Innocent XI était la lutte contre les Turcs, qu'il voulait empêcher de poursuivre leur marche vers l'Occident. Devenu Pape, il continua, comme il l'avait fait étant cardinal, à envoyer des subsides considérables à l'Empereur pour l'aider dans la guerre contre le Croissant. Le 3 janvier 1680, Cibo informe Lauri que le duc de Radzywill ayant été chargé par le roi de Pologne de s'aboucher avec le Pape et se trouvant empêché par les règles du *buon governo* de Le voir personnellement à Rome à cause de la peste qui désole Vienne, Sa Sainteté a ordonné à Mgr Jacobelli, auditeur de la Nonciature à Venise, d'aller à la rencontre du duc à la frontière italienne. Le duc dit à l'auditeur que le Grand Conseil de Pologne était sur le point de se réunir pour décider de la paix ou de la continuation de la guerre contre les Turcs, mais qu'il manquait de moyens financiers pour adopter ce second parti. Alors le Pape,

quoique endetté, « même avec des pays hérétiques », à la suite de
la disette des trois dernières années, offrit 500,000 florins. Et,
le 10 janvier, Cibo se félicitait que même le Roi de France se
montrât disposé à aider la Pologne.

L'un des premiers Brefs d'Innocent fut adressé à Louis XIV
pour le prier de renoncer à ses jalousies envers l'Empereur et de
ne pas lui faire la guerre, afin qu'il pût avoir toutes ses forces
disponibles contre les Turcs. Le Pape en écrivit bien d'autres
pour solliciter les secours du Roi en faveur de l'Empereur, mais
ordinairement ces Brefs restaient lettres mortes. Le gouvernement français répondait que le Roi avait beaucoup de dépenses
à faire pour la conversion des huguenots, que les opérations
militaires de l'Empereur allaient assez bien et que, s'il voulait
en finir avec les Turcs, c'était afin de tourner ses armes contre
la France.

Jusqu'à quel point était vrai le projet attribué à Louis XIV,
devenu par la paix de Nimègue le plus puissant souverain de l'Europe, de s'emparer de l'Empire ou, tout au moins, de faire élire
le dauphin roi des Romains? On ne sait; mais il certain que ce
projet circulait en 1681 parmi les politiques, et qu'en 1683, peu
avant la délivrance de Vienne par Sobieski, l'Empereur eut les
preuves de l'entente de Louis XIV avec la Cour ottomane, où il
avait envoyé le comte de Novemtelle, car les lettres du Roi au
Sultan et au chef des insurgés hongrois, Tékély, et leurs réponses
tombèrent entre les mains impériales. Evidemment, si l'Empereur
avait succombé sous les coups des Turcs, comme la chose parais-
sait probable, le Roi espérait que les Princes de l'Empire seraient
venus lui offrir la couronne comme au monarque le plus en état
de les défendre. C'était, peut-être, dans cette vue que, lorsque
l'armée ottomane entra en Hongrie, Louis XIV fit échelonner
aux environs de la Moselle une armée sous les ordres du duc de
Villeroy, et une autre sur la Saône sous les ordres du marquis
de Sourdis. De là, sans doute, son hostilité contre Innocent XI
qui était le principal soutien de l'Empereur et du Roi de Pologne
dans cette guerre et non seulement leur envoyait, presque tous

les mois, des sommes importantes, mais redisait constamment aux princes chrétiens la nécessité de la paix générale afin de pouvoir laisser l'Empire défendre l'Europe contre les Turcs.

Ce qui se passa à la mort de l'Electeur de Cologne semblerait confirmer ce projet de Louis, dont toute la colère éclata contre Innocent. Le cardinal Guillaume Egon de Fürstemberg, évêque de Strasbourg, avait été déjà, à l'instigation du Roi, élu coadjuteur de Cologne par 19 voix sur 24 membres dont se composait le chapitre de la cathédrale. On demanda au Pape les indults nécessaires tant pour la démission que le cardinal aurait donnée de l'évêché de Strasbourg, que pour sa nomination à la charge de coadjuteur. Le Pape refusa, tout en faisant l'éloge du cardinal-prince, qui du reste était très apprécié à Rome.

Louis XIV fut très irrité de ce refus. « Croissy se plaint, écrit Ranuzzi à Cibo, le 3 mars 1688, que Sa Sainteté ne veuille pas reconnaître l'élection de Fürstemberg comme coadjuteur. Il ajoute que tout a été régulier dans l'élection et que l'Empereur, après avoir reçu de Sa Sainteté les moyens de reconquérir toute la Hongrie contre les Turcs, peut bien tolérer qu'Elle fasse cette concession au Roi. J'ai répondu au Ministre qu'il s'agissait d'affaire qui n'était pas de mon ressort. »

A la mort de l'Electeur (1688), le chapitre se réunit de nouveau. Furstemberg eut 13 voix, et le prince Clément de Bavière, frère de l'Electeur de Bavière, en eut 11 ; mais, comme le cardinal possédait deux bénéfices incompatibles, savoir le canonicat de Cologne et l'évêché de Strasbourg, il aurait dû avoir les deux tiers des voix pour que son élection fût valide. Louis fit faire des mouvements de troupes vers le Rhin et la Flandre, afin d'imposer son candidat, tandis que les Princes de l'Empire se mettaient du côté de Clément de Bavière, voulant conserver à un Allemand cette dignité et le droit de participer à l'élection impériale. Ce fut pour Clément que le Pape se prononça, malgré les menaces de la France. « C'est une des injustices habituelles de cette Cour, écrivait Cibo au nonce Ranuzzi le 24 août, de vouloir considérer comme effet des passions et des haines tout ce qui ne se fait que par simple égard pour la justice et le bien public, lequel veut qu'aucun prince ne se mêle des affaires de l'autre. En Allemagne, ainsi qu'on l'a écrit d'autres fois et que Sa Sainteté l'a répété au cardinal d'Estrées, le Roi de France n'a rien à voir; on ne comprend donc pas pourquoi Sa Majesté veut prendre une si grande part à l'élection de Cologne et se plaint que Sa Sainteté ait refusé au cardinal de Furstemberg l'indult qu'il a accordé à un prince allemand, lequel a, en outre des mérites de ses ancêtres envers l'Eglise et aussi envers le siège de Cologne, qu'ils ont repris des mains des hérétiques, celui d'être frère de l'Electeur (de Bavière), qui prend avec tant de gloire une part si importante à la défense de la Chrétienté. »

Comme on le voit, le Pape ne mettait même pas en discussion les projets de Louis XIV sur l'Allemagne.

IV

Ce fut peu de temps avant cette affaire que se rouvrit celle du Quartier français à Rome à l'occasion de la mort soudaine de l'ambassadeur duc d'Estrées. Le 30 janvier 1687, Cibo écrivait à Ranuzzi pour déplorer cette mort et, d'ordre de Sa Sainteté, chargeait de Pro-Nonce, cardinal depuis le 2 septembre précédent, d'avertir Sa Majesté que le Pape ayant souffert pendant tant d'années avec patience l'usurpation des prétendus Quartiers, était décidé à y mettre fin. « Du moment qu'il a plû à la Providence d'appeler à Elle l'Ambassadeur et que Sa Sainteté ne veut pas en souffrir un autre si celui-ci a la prétention du Quartier, Votre Eminence pourra le dire librement à M. de Croissy. » Le 17 février, Ranuzzi répond à Cibo : « J'ai dit à Croissy que Sa Sainteté est décidée à ne pas tolérer d'Ambassadeur avec des Quartiers. Le Ministre m'a répondu qu'il le déplore, parce que Sa Majesté ne veut pas renoncer aux prérogatives dont, de tout temps, cette couronne a joui sur tous les autres Princes Chrétiens. Les négations par lesquelles Sa Béatitude lui refuse toutes satisfactions ne peuvent La faire consentir à la suppression de cette immunité... Et que Sa Majesté enverra un ambassadeur avec des ordres précis... Il répliqua que la Cour de Rome est différente des autres où le Prince fait la loi et où l'on ne peut envoyer un personnage qui ne lui plaît pas. A Rome, chaque Prince Catholique doit entretenir un Ministre qui ne peut pas être repoussé à cause des relations que tous les catholiques doivent avoir avec lui et des affaires qu'on y traite... Ayant reçu la dépêche du 4 courant, je suis retourné chez le Ministre pour lui dire que Sa Sainteté ne recevrait jamais le cardinal d'Estrées ou un autre cardinal comme ambassadeur, car elle croyait le cardinalat incompatible avec cette charge. M. de Croissy a répondu qu'on voit clairement que Sa Sainteté veut avoir des contestations avec Sa Majesté, voulant que le Roi serve d'exemple et que les réformes commencent par lui. Il ne sait pas ce que le Roi dira, mais il ne s'attend qu'à des difficultés ». Le 15 mars, Cibo réplique à son tour, étonné que le Roi parle comme Croissy et veuille maintenir son ambassadeur avec le Quartier : que le Pro-Nonce dise à Croissy et au Roi « que prétendre se faire protecteur d'assassins est une chose tyrannique et que, quel que soit le nouvel ambassadeur, il ne sera jamais reconnu ».

Le 12 mai 1687, Innocent publia une bulle contre les Quartiers, et Cibo expliquait, le 21 juin suivant, à Ranuzzi qu'elle n'était pas faite uniquement contre la France, mais contre quiconque voulait prétendre à la *franchise*, qu'elle n'était que la répétition de bulles d'autres Papes et que les excommunications qu'elle contenait se trouvaient déjà, bien qu'en termes moins précis, dans la bulle *In Coena Domini*. Il est faux qu'on fasse des prières publiques à Rome, et il met Ranuzzi en garde contre les nouvelles exagérées. Le 8 juillet, il ajoute que Sa Sainteté a été surprise de la manière impropre et peu religieuse dont Croissy a parlé de la bulle et qu'Elle a dit que, « si la bulle n'a pas diminué la puissance du Roi, elle a fait connaître qu'il y a une puissance invisible supérieure à celle de Sa Majesté et de tous les monarques ».

Le 18 novembre 1687, Charles de Beaumanoir, marquis de Lavardin, fit son entrée à Rome en qualité d'ambassadeur de France, presque avec un corps de troupes et occupa son quartier militairement. Il ne fut, naturellement, jamais reçu par le Pape, qui ordonna que le service divin cessât dans toutes les églises où il entrerait et interdit celle de Saint-Louis, où il avait fait ses dévotions la veille de Noël. Au fond cependant Lavardin ne tenait guère à son Quartier. Le 24 février 1688, il écrivait au Roi : « Dans les dispositions où je vois les choses, je crois que Votre Majesté gagnerait beaucoup en cédant les Quartiers ». Le 31 mars, il raconte l'aventure suivante, qui lui donne l'occasion de se prononcer sur la moralité de ce prétendu droit : « Hier, à deux heures de nuit, une troupe de six ou sept fripons, tous très jeunes, volèrent quelques écus hors et près les extrémités de la franchise à l'abbé de Nortombri, sous prétexte de le mener chez quelques courtisanes, puis se sauvèrent dans le Quartier. On n'en put trouver qu'un qui fut maltraité... les autres gagnèrent un asile ecclésiastique. En un mot, Sire, le Quartier est indispensablement l'occasion de quantité de friponneries et l'abus en est toujours inséparable, malgré tous les soins de l'ambassadeur ; c'est un brigandage et un abominable réceptacle de toutes sortes de criminels qui ne demandent ni n'ont permission de s'y retirer ». Enfin, le 27 avril 1688, il écrivait au Roi qu'il avait purgé son Quartier de tous les brigandages.

Pendant ce temps Ranuzzi était gardé prisonnier chez lui, mais des négociations avaient lieu entre les deux Cours par l'entremise d'abord du roi d'Angleterre, qui dut bientôt renoncer à s'en occuper à cause de sa situation critique, puis de la république de Venise. Il semblait qu'elles dussent mener à une entente. Ranuzzi écrivait à Cibo le 24 janvier 1689 : « Hier l'Ambassadeur de Venise, ayant été chez M. de Croissy, celui-ci lui dit : Au fond les questions avec le Saint-Siège se réduisent à trois : les bulles des Évêques, la Régale et les Quartiers. Pour ce qui touche la première, le Roi proposerait que les Prélats choisis eussent à écrire une lettre au Pape pour déclarer qu'ils n'ont jamais eu l'intention de porter préjudice aux prérogatives de l'autorité pontificale en enseignant les propositions, et qu'ils seraient très soumis à Sa Sainteté, faisant la profession, selon le Concile de Trente, devant le Ministre apostolique. Pour ce qui regarde les deux autres, quoique le Roi les considère comme des droits inhérents à sa Couronne, on tomberait aisément d'accord ». On y mettait seulement pour condition que le Pape reçût Lavardin ; mais, à Rome, le cardinal d'Estrées tenait un langage plus aigre. « Le cardinal d'Estrées, écrivait Cibo à Ranuzzi, le 15 janvier, a eu une longue audience du Pape et demande une réponse avant la fin du mois tant sur le Quartier que touchant les Bulles des Évêques, afin que le Roi puisse arrêter ses résolutions, car il était exaspéré, surtout pour Cologne. Il déclara qu'on ne prétendait plus de Quartiers, mais que le Pape devait lui donner une garantie pour l'inviolabilité des ambassadeurs et que, quant aux déclarations des Prélats, Sa Sainteté devait désigner quelqu'un avec qui on pût en discuter les termes. Le Pape aurait répondu qu'il conservait toujours les mêmes dispositions à donner les satisfactions les plus justes, à ne pas chercher de subterfuges, à être prêt aux tempéraments possibles, mais qu'il demandait un peu de temps ». Dans une seconde dépêche du même jour, Cibo continue en ces termes : « Entr'autres choses le Pape aurait dit à d'Estrées dans l'audience qu'il maintiendrait à l'ambassadeur tout ce à quoi il était obligé par le traité de Pise et qui était fixé par le droit des gens. Pour ce qui regarde les Prélats, il eût été mieux d'attendre, mais, puisque Sa Majesté le veut, qu'on envoie le projet des déclarations, et l'on verra. Sa Sainteté regrette beaucoup qu'on dise à Paris qu'Elle veut gagner du temps. » Cibo engage le Nonce à voir l'ambassadeur de Venise, afin qu'il parle au Roi ; et il conclut que Sa Sainteté a fait profession de « ne jamais se payer de mots ».

Une très belle dépêche est celle qu'adressait Cibo à Ranuzzi le 7 février 1689 : « Pour terminer les difficultés avec la Cour, lui écrivait-il, il n'y a qu'à supprimer les nouveautés et à donner leur place à la raison et à la justice. C'est à Paris, d'où sont venues les nouveautés, qu'il appartient de jouer ce rôle. Sa Sainteté n'a fait, pour son compte, que souffrir; la Régale et les Quartiers sont des abus. Votre Eminence peut le dire à l'Ambassadeur de Venise... »

Beaucoup moins belle fut la conduite du cardinal d'Estrées; c'est Cibo qui nous la rapporte dans une autre dépêche du 8 mars à Ranuzzi : Le 28 janvier, d'Estrées avait prié le Pape de mettre par écrit ce qu'il avait dit et d'envoyer un Bref au Roi. Le Bref fut rédigé et envoyé comme d'ordinaire au cardinal; mais celui-ci, au lieu de le faire parvenir à Sa Majesté, le fit circuler en diverses copies et dit ensuite qu'il ne l'avait pas reçu. « Depuis ce moment, conclut Cibo, il ne faut plus se fier à certaines personnes ».

Pourtant, malgré le bon état des négociations, le Roi les rompit brusquement et cessa toutes relations diplomatiques avec la Papauté à la fin d'avril 1689, en rappelant Lavardin de Rome et en retirant la police qui surveillait Ranuzzi à Paris. Le cardinal quitta d'ailleurs la France avec les honneurs dus à son rang.

Avignon et le comtat Venaissin avaient été occupés dès le 18 septembre 1688.

En réalité, il semble bien que désormais, aucune des questions pendantes avec le Saint-Siège ne tint plus beaucoup à cœur à Louis XIV, pas plus celle du Quartier que celle de la nomination des évêques, qu'il ne traînait en longueur qu'afin, peut-être, de continuer à toucher les revenus des sièges vacants; car, au fond, il ne se montrait plus guère attaché à la déclaration de 1682, comprenant que ses conseillers, tant ecclésiastiques que séculiers, l'avaient poussé trop loin, sans aucune nécessité, pour satisfaire leur ambition ou leurs rancunes contre Rome. Si donc il trancha de cette façon brutale des querelles religieuses, ce fut, sans doute, parce qu'il en était fatigué. Des affaires autrement importantes s'imposaient à son activité; la guerre entre la France et l'Europe entière coalisée sous le nom de ligue d'Augsbourg, avait commencé.

Toutes ces violences abrégèrent la vie du Pape. Il tomba malade et mourut le 2 août 1689, après treize ans de pontificat, regrettant que l'hostilité de Louis XIV l'empêchât de jouer encore le rôle de pacificateur. Le Roi envoya alors à Rome le duc de Chaulnes pour assister à l'élection du nouveau pape. Ce fut un Vénitien, le cardinal Ottoboni, qui prit le nom d'Alexandre VIII. Il était déjà au courant des négociations entamées entre Innocent XI et Louis XIV. On trouva rapidement la formule pour la solution des diverses questions. Le gouvernement français rendit au Saint-Siège Avignon et le comtat Venaissin, décida que les évêques nommés, qui avaient souscrit les propositions injurieuses à la Papauté, les rétracteraient et rappela définitivement Lavardin. Les *franchises* furent abolies, mais le Pontife laissa le Roi jouir de la Régale. Tout s'arrangea comme si ce qui s'était passé n'eût été que l'effet d'un différend personnel entre Innocent et Louis. C'est ainsi que le temps mûrit les choses et résout les grandes difficultés. Innocent n'eut que les épines et mourut à la peine ; Alexandre sembla avoir toute la joie et tout l'honneur.

Je ne sais si j'ai atteint complètement le but que je m'étais proposé dans cette étude. Je voulais vous montrer comment le prétendu droit de *franchise*, injuste et outrageant pour l'autorité pontificale qu'il rendait presque illusoire sur la ville de Rome, a, durant des années, joint aux deux autres affaires de la Régale et de la déclaration du Clergé, suspendu, pour ainsi dire, toute la vie religieuse de la France et mis en opposition les deux figures les plus remarquables de la fin du dix-septième siècle.

Lorsque Fénelon écrivait, dans sa célèbre lettre à Louis XIV : « Votre Archevêque et votre Confesseur vous ont jeté dans les difficultés de l'affaire de la Régale, dans les mauvaises affaires de Rome », il n'a pas dit toute la vérité. A ces deux noms il aurait dû ajouter ceux des personnages qui, à Rome, avaient eu l'honneur de représenter plus ou moins officiellement le Grand Roi. Ils ne s'y sont certes pas comportés en diplomates habiles et consciencieux, car, si le premier devoir d'un diplomate est d'obéir à son mandant et de défendre ses intérêts, il doit aussi l'informer exactement des conditions et des exigences du milieu où il se trouve, peser, sans passion personnelle, les renseignements qu'il envoie et ne pas donner aux premiers *potins* venus une importance qu'ils n'ont pas. Si le duc et le cardinal d'Estrées, au lieu de chercher partout des *battifuochi*, avaient mieux éclairé leur maître sur le caractère d'Innocent XI, sur sa ténacité dans l'accomplissement de ce qu'il croyait son devoir et son inaccessibilité aux mobiles inférieurs de la politique humaine, peut-être le Roi aurait-il, comme on dit vulgairement, regardé à deux fois avant d'entrer en conflit avec le Pape. La France n'y aurait rien perdu, et l'Eglise non plus.

PARIS

TYPOGRAPHIE PLON-NOURRIT ET Cie

RUE GARANCIÈRE, 8

9 782013 459365